Inhalt

Deutsche Energiewirtschaft - Was bewegt sie zur Jahresmitte 2007?

Kernthesen

Beitrag

Fallbeispiele

Zahlen und Fakten

Weiterführende Literatur

Impressum

Deutsche Energiewirtschaft - Was bewegt sie zur Jahresmitte 2007?

Autor GENIOS BranchenWissen: A. Schneider

Kernthesen

- Der Primärenergieverbrauch in den ersten sechs Monaten lag rund acht Prozent niedriger als im ersten Halbjahr des vergangenen Jahres.
- Die Strompreise steigen weiter, doch auch die Wechselbereitschaft der Kunden zieht an. Die gerichtlichen Auseinandersetzungen auf dem Gasmarkt setzen sich fort.
- Der Kohleausstieg 2018 ist nun beschlossene Sache. Der Bundesumweltminister will bis zum Jahr

2030 satte 45 Prozent des Stromverbrauchs aus Erneuerbaren Energien decken.
- Der Zertifikateverkauf im Emissionshandel wurde auf 2010 verschoben. Die EU-Kommission leitet Kartellverfahren gegen RWE und Eon ein.
- Russland streitet wieder mit Weißrussland und legt sich nun auch mit den Arktis-Anrainerstaaten an im Kampf um die dortigen Ressourcen.

Beitrag

Zur Jahresmitte 2007 erhitzten vor allem die Störfälle in den Kernkraftwerken Krümmel und Brunsbüttel die Gemüter. Der Betreiber Vattenfall geriet heftig in die Schlagzeilen. Wer leise Hoffnungen auf eine Verlängerung der Laufzeiten hegte, sieht diese nun zunichte gemacht.

Wie hat sich der Primärenergieverbrauch entwickelt?

Das erste Halbjahr 2007 war deutlich wärmer als der

Vergleichszeitraum 2006. Den damaligen schneereichen Winter haben wir alle noch gut im Gedächtnis. Infolgedessen sank der Verbrauch an Primärenergieträgern in Deutschland in den ersten sechs Monaten um rund acht Prozent auf etwa 233 Millionen Tonnen Steinkohleeinheiten. So lauten jedenfalls die vorläufigen Berechnungen der Arbeitsgemeinschaft Energiebilanzen.
Der Verbrauch an Mineralöl, Erdgas, Braunkohle, Kernkraft und Wasserkraft war rückläufig. Zuwächse verzeichneten im ersten Halbjahr nur die Windkraft (plus 62%!!!) sowie die Steinkohle. [Abb.1], (1)

Was tut sich bei den Energieversorgern?

Am meisten erhitzte der Branchenvierte Vattenfall in letzter Zeit die Gemüter. Nach Pannenserien in den Kernkraftwerken Krümmel und Brunsbüttel machte er negative Schlagzeilen durch mangelhafte Kommunikation und schlechtes Krisenmanagement.

Eon, Deutschlands Branchenführer, hat sich mit dem Endesa-Verlust abgefunden und schlägt andere Wachstumswege ein. RWE steigerte seinen Halbjahresgewinn deutlich und hob auch seine Prognose für das Gesamtjahr an. Doch auf dem deutschen Heimatmarkt bläst der Gegenwind kräftiger.

EnBW verkündete zwar ein Rekordhalbjahr, beim genaueren Hinsehen zeigt sich aber, dass der Erfolg vor allem auf dem starken ersten Quartal beruht, während das zweite Quartal deutlich schwächelte.

Was ist in den einzelnen Energiesegmenten los?

Strom Wechselbereitschaft der Kunden steigt

Die Strompreiserhöhungen nehmen kein Ende. Zum 1. August haben 55 Stromversorger in Deutschland ihre Preise erhöht. Im Durchschnitt steigen die Tarife der meist kleinen und mittleren Versorger um 7,9 Prozent. Anfang Juli hatten bereits 91 Versorger ihre Tarife um bis zu 34 Prozent angehoben. Doch die Wechselbereitschaft der Stromkunden ist gestiegen. Vattenfall beispielsweise hat durch die Ankündigung von Preiserhöhungen in seinen Stammgebieten Hamburg und Berlin zehntausende Kunden verloren - vor allem an Nuon, aber auch an Eprimo. (2)

Erdgas Gerichtliche Streitigkeiten werden weiter gehen

Auf dem Gasmarkt herrscht weiterhin Uneinigkeit zwischen Versorgern und Verbrauchern. Es wird darüber gestritten, ob der Wettbewerb ausreichend sei, ob die Kopplung des Gaspreises an den Ölpreis rechtmäßig sei, ob die Gasversorger das Recht zu einseitigen Preiserhöhungen hätten und in welchem Ausmaß diese billig seien.
So wurde beim Musterprozess gegen die Stadtwerke Heilbronn mit Spannung die Entscheidung des Bundesgerichtshofs (BHG) in Karlsruhe erwartet. Der Heilbronner Versorger hatte seine Gaspreise um mehr als zehn Prozent erhöht. Verbraucherschützer klagten.
Einen Sieg auf ganzer Linie gab es für keine der beiden Parteien. Der BGH gestand den Versorgern auch weiterhin das Recht zu, den Preis einseitig abzuändern. Dabei freilich seien diese nur nach billigem Ermessen gemäß § 315 BGB zulässig. Die Verbraucher können weiterhin vor Gericht ziehen, um die Preissteigerungen überprüfen zu lassen. (3)

Kohle Ausstieg ist beschlossene

Sache

Die Bundesregierung hat Anfang August den Gesetzentwurf für den Ausstieg aus dem staatlich finanzierten Steinkohlebergbau bis zum Jahr 2018 beschlossen. Zwar fehlt noch die Zustimmung von Bundestag und Bundesrat, doch man kann davon ausgehen, dass diese keine weiteren Steine in den Weg legen werden. Der Kabinettsbeschluss erfolgte auf der Grundlage des im Februar von Bund, Kohleländern, Gewerkschaft und dem RAG-Konzern getroffenen Kohlekompromiss. Die Beihilfen für die schrittweise Abwicklung des Steinkohlebergbaus von 2009 an bis zum Ausstiegsjahr 2018 werden auf weitere 21,6 Milliarden Euro beziffert. Derzeit werden noch acht Zechen in Deutschland betrieben, sieben im Kohleland Nordrhein-Westfalen und eine im Saarland. Die Branche zählt noch 33 000 Beschäftigte. ThyssenKrupp, RWE, Eon und Arcelor Mittal werden voraussichtlich zum 30. November 2007 ihre Aktienpakete zu einem symbolischen Kaufpreis von je einem Euro an die neu gegründete Kohlestiftung übertragen. Das verbleibende Strom-, Chemie- und Immobiliengeschäft der RAG kann nun an die Börse gebracht werden.

Erdöl Preis gerät leicht ins

Rutschen

Der Ölpreis lag Anfang August auf Rekordhöhe, ist in den letzten Tagen allerdings deutlich billiger geworden. Als Grund für den Rückgang der Ölnotierungen werden Gewinnmitnahmen der Spekulanten, die Furcht vor Abkühlung der US-Konjunktur als Folge der Hypothekenkrise und eine leichte Entspannung des fundamentalen Umfelds angeführt. Die OPEC-Mitglieder haben ihre Fördermengen so stark angehoben wie seit September 2004 nicht mehr.

Erneuerbare Energien Bundesumweltminister will Anteil noch deutlich steigern

Das Bundesumweltministerium legt in Sachen Erneuerbare Energie noch größeren Ehrgeiz als bisher an den Tag. Bis zum Jahr 2030 sollen 45 Prozent des Stromverbrauchs aus erneuerbaren Energieträgern gedeckt werden. In der Koalitionsvereinbarung heißt es noch, ihr Anteil an der Stromerzeugung solle bis 2020 auf 20 Prozent steigen.
Jüngsten Berechnungen des Verbandes der Elektrizitätswirtschaft (VDEW) zufolge liegt der Anteil der Erneuerbaren am Stromverbrauch derzeit

bei 13,3 Prozent. Der Anteil hat sich damit seit dem Inkrafttreten des Erneuerbare-Energien-Gesetzes (EEG) im Jahr 2000 verdoppelt. (4)

Atomenergie Imageverlust und Stilllegungen

Das Image der Kernkraft hat sich dank der Vorkommnisse um Vattenfall nicht verbessert. Derzeit sind fünf von siebzehn deutschen Atomkraftwerke stillgelegt: Brunsbüttel, Krümmel, Biblis A und B und Gundremmingen C. Im Schacht Konrad, dem künftigen deutschen Endlager für schwach- und mittelradioaktive Abfälle, haben die Bauarbeiten begonnen. Im April hatte das Bundesverwaltungsgericht den juristischen Streit beendet und das Endlager zugelassen. Nach Fertigstellung in circa sechs Jahren dürfen also in der unterirdischen Atommülldeponie deutsche Abfälle gelagert werden. Typische Abfälle sind Filter und Filterhilfsmittel, Schrott, Flüssigkeiten, Schlämme oder Mischabfälle; die größten Produzenten sind Krankenhäuser, Forschungseinrichtungen oder die Kernkraftwerke, die jetzt nach und nach abgerissen werden sollen. (5)

Was bewegt die Energiepolitik?

Emissionshandel Verkauf auf 2010 verschoben

Die Versteigerung von Zertifikaten für den Kohlendioxidausstoß wird später starten als erwartet. Ursprünglich sollten bereits an 2008 oder 2009 Zertifikate für den Ausstoß von 40 Millionen Tonnen Kohlendioxid nicht mehr wie bisher verschenkt werden. Doch dies soll nun wohl erst 2010 beginnen. 8,8 Prozent des Gesamtvolumens von jährlich 453 Millionen Tonnen CO2 werden dann verkauft werden. (6)

EU-Kommission Kartellverfahren verschärfen Druck auf Energieversorger

Die EU-Kommission verschärft den Druck auf die Energieversorger. Mehr Wettbewerb auf dem Energiemarkt das ist das Ziel der EU-Kommissare für Wettbewerb Neelie Kroes und Energie Andris Piebalgs. Längst haben sie etliche Razzien bei Europas

Energiegiganten initiiert. Diverse Kartellverfahren wurden inzwischen eingeleitet.
Seit Mai läuft ein Kartellverfahren gegen RWE und die italienische Eni. Nun geht es auch dem deutschen Marktführer und der französischen Gaz de France (GdF) an den Kragen. Der Verdacht lautet, mit Hilfe von Kartellabsprachen die französischen und deutschen Gasmärkte unter sich aufzuteilen. Und auch gegen die französischen Energiekonzerne Suez und Électricité de France (EdF) wurden Verfahren eingeleitet. (7)

Russland Klimawandel sorgt für Run auf die Arktis

Russland macht weiterhin Schlagzeilen im Energiegeschäft. So hat vor einigen Tagen eine russische Expedition unter dem Eis des Nordpols eine Fahne verankert und damit medienwirksam zum Ausdruck gebracht, dass es Anspruch auf die reichlichen Rohstoffvorkommen in der Arktis erhebt. Geologen vermuten unter dem Eis bis zu 25 Prozent der globalen Öl- und Gasvorräte, dazu Zinn, Mangan, Rohdiamanten, Nickel und Gold. Weil der Klimawandel das ewige Eis abschmelzen lässt, wachsen nun die Begehrlichkeiten der Arktis-Anrainer, sich die gewaltigen Ressourcen nutzbar zu machen. Doch Russland ist nicht der einzige Interessent an den Rohstoffschätzen unter dem arktischen Meeresboden. Kanada, die USA, Norwegen und Dänemark werden sich nicht kampflos dem russischen Energiehunger geschlagen geben. (8) Der jüngste Gasstreit zwischen Russland und Weißrussland hingegen scheint dieses Mal gütlich zu Ende zu gehen, bevor er eskaliert. Weißrussland will offenbar die offenen Rechnungen in Höhe von 460 Millionen Dollar innerhalb weniger Tage überweisen.

Fazit

Zur Jahresmitte ist die Diskussion um die Sicherheit von Kernkraftwerken wieder neu entfacht. Die Betreiber werden ohne Zweifel am Weiterbetrieb ihrer Atommeiler festhalten und für eine Laufzeitverlängerung über den Kompromiss zum Atomausstieg hinaus plädieren.

Fallbeispiele

Eon Erwerb der Endesa-Brosamen schreitet voran

An der Übernahme des spanischen Endesa-Konzerns hat sich Eon vergeblich die Zähne ausgebissen. Letztendlich einigte sich Eon mit den neuen Mehrheitsgesellschaftern Enel und Acciona auf den Erwerb verschiedener kleinerer Beteiligungen und Geschäfte im Gesamtvolumen von zehn Milliarden Euro.
Das Geschäft mit der Windenergie soll durch die jüngste Übernahme des spanischen Windparkbetreibers Energi E 2 Renovables Ibéricas ausgebaut werden.
Auch die Gasförderung wird weiter forciert. Dazu soll die 28-Prozent-Beteiligung an zwei norwegischen Erdgasfeldern des Mineralölkonzerns Shell verhelfen.

RWE Biblis kommt teuer zu stehen

Deutschlands zweitgrößter Energieversorger hat im ersten Halbjahr seinen Gewinn deutlich gesteigert; das Betriebsergebnis wuchs um 18 Prozent auf 4,4 Milliarden Euro. Doch die Geschäfte laufen nicht ungetrübt. Der Umsatz ging um zwei Prozent auf 22,6

Milliarden Euro zurück. Gerade auf dem deutschen Markt ist es schwieriger geworden. Die Bundesnetzagentur hatte die Entgelte, welche die RWE-Töchter Konkurrenten und den eigenen Kunden für die Nutzung ihres Netzes in Rechnung stellen dürfen, um zweistellige Prozentwerte gekürzt. Das macht sich nun bemerkbar. Außerdem wird der seit November letzten Jahres anhaltende Stillstand des Atomkraftwerks Biblis insgesamt fast eine Mrd. Euro kosten. Und die Wechselbereitschaft der Stromkunden habe deutlich zugenommen.
Seit Jahresbeginn wurden bei RWE 1 500 neue Mitarbeiter eingestellt, damit stieg die Gesamtzahl der Beschäftigen im Konzern auf rund 70 000. (9)

EnBW schwaches zweites Quartal

Noch-Vorstandschef Utz Claassen verkündete zur Jahreshalbzeit ein neues Rekordhalbjahr. Der baden-württembergische Energieversorger konnte seinen Umsatz in den Monaten Januar bis Juni um 14,9 Prozent auf 7,38 Milliarden Euro steigern. Auch das Ergebnis ist deutlich gestiegen (Ebit um 3,2 Prozent, Ebitda (Ergebnis um 5,4 Prozent). Dabei verlief das zweite Quartal deutlich schlechter als das erste. Die Zahl der Beschäftigten ist um knapp fünf Prozent auf 19 293 gesunken. Der Konzern begründet dies mit

dem Verkauf der Entsorgungstochter U-Plus an den Berliner Alba-Konzern.
Zum 30. September wird Claassen seinen Posten an den Eon-Manager Hans- Peter Villis abgeben. (10)

Vattenfall Brunsbüttel und Krümmel im Halbjahresergebnis nicht spürbar

Auch die schwedische Vattenfall rühmt sich zur Jahresmitte mit Steigerungen beim Umsatz und Gewinn. Noch haben die jüngsten Zwischenfälle in seinen Kernkraftwerken Brunsbüttel und Krümmel wohl nicht zu Buche geschlagen. In Deutschland sank das Betriebsergebnis im Vergleich zur Vorjahreshälfte um 5,8 Prozent auf 8,8 Milliarden Kronen. Die Umsätze der deutschen Vattenfall-Gesellschaften stiegen um 11,1 Prozent auf 56,6 Milliarden Kronen. Die letzte Hauptversammlung jedenfalls war kein Vergnügen. (11)

Zahlen & Fakten

Inländischer Verbrauch an Primärenergieträgern im ersten Halbjahr 2007

Primärenergieträger	Veränderung
Wind	+62,0%
Steinkohle	+1,2%
Braunkohle	-1,4%
Wasser	-5,1%
Mineralöl	-10,2%
Kernenergie	-12,5%
Erdgas	-18,5%

GBHGenkx Gafk

Insgesamt wurden in Deutschland in den ersten sechs Monaten des laufenden Jahres rund 233 Millionen Tonnen Steinkohleeinheiten an Primärenergieträgern verbraucht.

Quelle: Arbeitsgemeinschaft Energiebilanzen

Entnommen aus: www.ag-energiebilanzen.de

Weiterführende Literatur

(1) Arbeitsgemeinschaft Energiebilanzen, Daten, Vierteljährliche Daten zum Primärenergieverbrauch. Energieverbrauch: Minus bei Wärmeenergien und Kernkraft, Pressemitteilung Nr. 05/07
aus Handelsblatt Nr. 130 vom 10.07.07 Seite 6

(2) Strompreise steigen im August weiter
aus Frankfurter Allgemeine Zeitung, 01.08.2007, Nr. 176, S. 12

(3) Gasversorger dürfen Preise nicht frei gestalten
aus Frankfurter Allgemeine Zeitung, 08.08.2007, Nr. 182, S. 19

(4) Gabriel legt bei Öko-Strom nach
aus Handelsblatt Nr. 146 vom 01.08.07 Seite 4

(5) Friedhof für Atommüll 1000 Meter unter der Erde
aus Frankfurter Allgemeine Zeitung, 31.07.2007, Nr. 175, S. 13

(6) Emissionszertifikate werden erst ab 2010 versteigert
aus Handelsblatt Nr. 150 vom 07.08.07 Seite 6

(7) EU hat Eon im Visier
aus Handelsblatt Nr. 145 vom 31.07.07 Seite 11

(8) Kampf um die Schätze unter dem Nordpol
aus Handelsblatt Nr. 148 vom 03.08.07 Seite 6

(9) RWE zögert mit Preiserhöhungen
aus Handelsblatt Nr. 153 vom 10.08.07 Seite 12

(10) EnBW schwächelt im Quartal
aus Handelsblatt Nr. 152 vom 09.08.07 Seite 14

(11) Kyrill und milde Temperaturen belasten Vattenfall
aus Frankfurter Allgemeine Zeitung, 27.07.2007, Nr.

172, S. 17

Impressum

Deutsche Energiewirtschaft - Was bewegt sie zur Jahresmitte 2007?

Bibliografische Information der deutschen Nationalbibliothek

Die Deutsche Nationalbibliothek verzeichnet diese Publikation in der deutschen Nationalbibliografie; detaillierte bibliografische Daten sind im Internet über http://dnb.d-nb.de abrufbar.

ISBN: 978-3-7379-2345-3

© 2015 GBI-Genios Deutsche Wirtschaftsdatenbank GmbH, Freischützstraße 96, 81927 München, www.genios.de

Alle Rechte vorbehalten. Dieses Werk ist einschließlich aller seiner Teile – z.B. Texte, Tabellen und Grafiken - urheberrechtlich geschützt. Jede Verwertung außerhalb der Grenzen des Urheberrechtsgesetzes bedarf der vorherigen Zustimmung des Verlags. Dies gilt insbesondere auch für auszugsweise Nachdrucke, fotomechanische Vervielfältigungen (Fotokopie/Mikroskopie), Übersetzungen, Auswertungen durch Datenbanken oder ähnliche Einrichtungen und die Einspeicherung und Verarbeitung in elektronischen Systemen.